DE LA COMMUNAUTÉ D'ORIGINE

DES

LUSIGNAN D'AGENAIS

ET DES

LUSIGNAN DU POITOU

MÉMOIRE LU A LA SOCIÉTÉ D'AGRICULTURE, SCIENCES ET ARTS D'AGEN,
DANS LA SÉANCE DU 19 AOUT 1868,

PAR

J.-F. SAMAZEUILH,

AVOCAT,

Correspondant du Ministère de l'Instruction Publique pour les
Travaux Historiques, etc.

VILLENEUVE-SUR-LOT,
IMPRIMERIE DE X. DUTEIS, RUE GALAUP.
1868.

Messieurs et Chers Collègues,

Dans la *Biographie de l'Arrondissement de Nérac*, dont la publication remonte déjà à plusieurs années, je me suis exprimé en ces termes, page 763 :

« Les Lusignan d'Agenais eurent-ils la même origine que ceux du Poitou?... Deux » considérations nous portent à le croire : en » premier lieu, ils avaient le même nom ; en » second lieu, on retrouve la fée Mélusine » dans leurs armes..... »

Cette question, que je n'avais fait qu'indiquer, M. le Conseiller Dubernet de Boscq vient de la reprendre, et, dans une notice historique, non moins consciencieuse que savante, il a, ce me semble, justifié complétement l'épigraphe de son livre, où il applique aux Lusignan d'Agenais ce vers de Zaïre :

« ILS SONT DU SANG FRANÇAIS QUI RÉGNAIT A SOLIME. »

J'ai pensé, Messieurs et chers Collègues, que cette question méritait d'appeler votre attention; et, bien que vous ayez déjà montré toute votre estime pour ce curieux travail en admettant celui à qui nous le devons au sein de notre Société, je vous demande la permission de vous soumettre les idées que m'a suggérée la lecture du livre intitulé *Lusignan-Grand.*

I.

Dès le moyen-âge, les Lusignan d'Agenais nous sont signalés comme y jouant un rôle qui n'était pas au-dessous de leur origine présumée. Leur seigneurie composée des cinq paroisses : de Lusignan-Grand, Lusignan-Petit, Saint-Hilaire, Maurignac et Saint-Laurent, fut une baronie importante, avant d'être érigée en Marquisat par Louis XIII. Des ruines imposantes attestent la magnificence de leur ancien manoir, sur le coteau suzerain de Lusignan-Grand. Il faut lire, dans l'ouvrage de M. Dubernet de Boscq, les détails intéressants et inédits qu'il nous en donne, et qui ne laissent rien à désirer, soit au sujet de ce château, soit au sujet de l'église mi-gothique et mi-romane qui en fut primitivement la chapelle, et où, dans une crypte, l'on peut visiter encore la tombe de ces feudataires des comtes d'Agenais et, plus tard, des rois de France. Enfin, lorsque nous voyons ces Lusignan revêtus, sous Henri IV, soit du gouvernement de la ville d'Agen ou de la place de Puymirol, soit du commandement d'une compagnie de 50 hommes d'armes, c'est-à-dire d'un corps de gentilshommes, nous pouvons dire que ce ne serait pas des parvenus de bas étage qui auraient usurpé, dans nos contrées, le nom et les armes des Lusignan du Poitou.

II.

Car ce sont bien les armes et le nom de ces derniers que nos Lusignan possédaient, depuis longues années, avant la Révolution de 1789.

Comme l'a fait observer M. Dubernet de Boscq, le nom primitif des deux maisons du Poitou et d'Agenais fut *Lezignen*. Même de nos jours, ce nom ainsi prononcé s'est conservé dans le souvenir, comme dans la bouche de nos paysans; et, chose notable, ce nom s'est changé en celui de *Lusignan*, aussi bien dans l'Agenais que dans le Poitou !

Ce n'est pas que cette homonymie fût suffisante à nos yeux pour prouver une origine commune. M. le conseiller Dubernet s'empresse lui-même de reconnaître que, non loin de nous, diverses localités portent le nom de Lusignan, dont une première dans l'Aude (arrondissement de Narbonne), une seconde dans l'Hérault (arrondissement de Béziers), une troisième dans les Hautes-Pyrénées (arrondissement d'Argelèz). D'après cela, l'on serait fondé à nous objecter que les Lusignan d'Agenais, au lieu de donner leur nom au fief qu'ils possédaient, pouvaient l'avoir reçu, au contraire, de ce fief même, surtout si l'on considère que ce nom paraît signifier, en langue celtique, *signal*, et, par suite sans doute, *lieu élevé*. A l'appui de cette objection, l'on ne manquerait pas de rappeler qu'en effet les noms patronymiques dérivèrent en grand nombre, pour la noblesse surtout, des seigneuries qu'elle tenait. L'on sait aussi la résistance éprouvée par l'ordonnance de 1629, qui enjoignit à tous gentilshommes *de signer, en tous actes et contrats, du nom de leurs familles et non de leurs seigneuries, sous peine de faux et d'amende arbitraire.*

Mais, à côté du nom de Lusignan, il y a les armes ; et ce nom et ces armes nous servent pour établir l'origine de la maison qui les portait, comme servent, en géographie, la latitude et la longitude, pour déterminer la position d'une ville, d'un département.....

Or, cette similitude, cette identité d'armes, entre les Lusignan du Poitou et ceux de l'Agenais, ne saurait donner lieu à une controverse sérieuse, et M. le conseiller de Boscq a grande raison d'invoquer, à ce sujet, et le sceau de justice du marquisat de Lusignan, heureusement retrouvé, et le grand écusson qui décore la porte principale du château de Saintrailles, et la litre ou ceinture funèbre qu'a conservé le porche de l'église de Saint-Hilaire. Sans doute la diversité des alliances a dû produire quelques variantes dans les pièces de l'écusson des deux maisons. Mais en tête, au quartier d'honneur, fait observer notre savant magistrat, se montrent sur l'écusson de nos Lusignan, les armes des Lusignan du Poitou, et sur le tout, au-dessus de la couronne de marquis, plane la fée Mélusine : ce qui ne se voit dans les armoiries d'aucune autre maison !

Avant la destruction du château de Lusignan, sous les rois Louis XIII et Louis XIV, ce vieux manoir devait être orné des mêmes insignes, et nul de vous ne fera l'injure à M. Dubernet de Boscq de mettre en doute la découverte faite par son bienfaiteur, en 1830, et parmi les ruines déjà signalées, *d'une pierre artistement sculptée, figurant la fée Mélusine, moitié femme, moitié poisson.*

C'est ici le lieu de rappeler une autre similitude qui nous a singulièrement frappé. L'écusson placé au-dessus de la principale porte du château de Saintrailles présente cette devise : « C'est pour loyauté maintenir. » Eh! bien, telle fut aussi la devise de l'ordre de l'Epée, fondé par Gui de Lusignan, lors de son avènement au trône de Jérusalem. (Notice de M. d'Eschabannes, p. 44). Ce rapprochement que nous devons à M. le conseiller Dubernet, nous paraît être d'une grande force.

III.

Un mot également, je vous prie, au sujet de l'importance qu'obtinrent les armoiries, sous notre ancienne monarchie.

Sur leur origine, l'on a varié. Les uns en découvrent la première idée chez d'anciens poëtes; et ils ont cité par exemple, la description du bouclier de Turnus, dans l'*Enéïde*. Virgile aurait même parlé d'hérédité, en décrivant, dans les vers suivants, le bouclier d'un autre chef :

« *Post hos insignem palmâ per gramina currum*
» *Victoresque ostentat equos Satus Hercule pulchro*
» *Pulcher Aventinus ; clypeoque, insigne paternum,*
» *Centum angues, cinctamque gerit, serpentibus hydram.*»

Ovide, *Métamorph.* 7, 419e vers ; Valerius Flaccus, l. 6, *Argonauticum*, 53e vers, et Claudien, *In consulat. Probini et Alybrii, de Homæ Clypeo*, 93e vers, ont fourni également quelques autorités à cette opinion.

D'autres (Du Tillet en tête, ch. *des écus et armoiries)*, ont rappelé que Julien, lieutenant de l'Empereur Domitien, voulut que ses gens de guerre fissent inscrire sur leurs boucliers leurs propres noms et ceux de leurs capitaines, *afin que ceux qui feraient bien ou mal leur devoir fussent connus*. Ce fut là, ont-ils ajouté, l'origine des armoiries.

Mais il est à présumer plutôt que c'est dans les tournois et les carrousels que l'on vit apparaître ces insignes et ces devises, les *tenants*, dont les traits étaient voilés par la visière de leur casque, prenant ainsi le soin de se faire connaître *à tout venant* par des couleurs et des emblêmes.

Bientôt ces armoiries devinrent une propriété, d'autant plus chère aux gentilshommes qu'elle leur rappelait la gloire de leurs ancêtres. Guyot (v. *Répert*^re^ *de Jurisprud.)* a dit aussi bien des noms que des armoiries : « C'est le seul bien » indépendant des caprices et des révolutions de » la fortune ; ce sont ces restes précieux de la » vertu et de la gloire des pères qui excitent, » dans leurs descendants, une noble et géné- » reuse ardeur de les imiter. C'est ce qui a fait » dire à un des plus anciens et des plus célè- » bres interprètes du droit romain que, dans le » nom et dans les armes des nobles, réside » principalement la mémoire d'une maison et la » splendeur d'une race. *In armis et nomine no-* » *bilium remanet principalis domûs memoria et* » *splendor geniturœ.* (Balde.) » [1]

IV.

Aussi a-t-on vu, de tous les temps, les maisons nobles se montrer jalouses de cette pro-

---

[1] C'est encore Napoléon Ier qui inscrivit cette idée en tête de son Décret sur les majorats (1er mars 1808) : « L'objet de cette institution a été non » seulement d'entourer notre trône de la splendeur qui convient à sa » dignité, *mais encore de nourrir au cœur de nos sujets une louable* » *émulation, en perpétuant d'illustres souvenirs et en conservant aux* » *âges futurs l'image toujours présente des récompenses qui, sous un* » *gouvernement juste, suivent les grands services rendus à l'Etat.* »

priété si justement précieuse à leurs yeux, et la défendre avec énergie contre les usurpateurs.

C'est pour prévenir les usurpations que Philippe-Auguste créa un *roi d'armes*, lequel, *sous l'inspection et surintendance du connétable et des maréchaux de France*, tenait des registres de toutes les familles nobles, *de leurs armoiries blasonnées, et du nom, surnom et qualité* de quiconque avait le droit d'en porter, et ce fut à la sollicitation de la noblesse française, que Louis XIII renouvela, par un édit du mois de juin 1615, l'ordonnance de Philippe-Auguste.

D'un autre côté, ainsi que l'observation en a été déjà faite, nombre de maisons nobles, en possession d'un nom et d'armoiries notables, se firent un devoir d'en poursuivre personnellement les usurpateurs. Pour ne pas sortir de nos contrées, nous citerons ici le procès que les Montesquiou intentèrent aux Laboulbenne.

V.

Dans de telles circonstances, il n'est pas à croire que l'usurpation, par une maison noble de l'Agenais, du nom et des armes des Lusignan du Poitou, eût pu se produire sans empêchement, sans opposition aucune.

Et prenons garde que cette usurpation ne se serait pas opérée à la sourdine, dans quelque acte clandestin ou dans des lettres privées, comme cela se pratique de nos jours.

Sur un sceau de justice, connu de tous les justiciables; sur une ceinture funèbre, placée sous les yeux de tous les fidèles; sur la grande porte d'un château, ouverte à tout le monde, et, nous n'en doutons pas, sur la bannière qu'ils arboraient dans les combats, comme sur le principal donjon des places dont ils avaient le gouvernement, se montrait avec le lion de gueules, couronné, armé et lampassé d'or, *(qui était de Lusignan)*, *la Mélusine ailée*, patronne des Lusignan du *Poitou*.

VI.

L'on se demande aussi à quelle époque se serait commise cette usurpation. Serait-ce avant, serait-ce depuis l'érection de la baronie de Lusignan en marquisat?

Si l'usurpation se trouvait antérieure à cette érection, ne devrait-on pas s'étonner de voir un prince, Louis XIII, qui venait de raviver l'ordonnance de Philippe Auguste contre ces sortes d'usurpateurs, légitimer un pareil méfait des Lusignan d'Agenais, trois ans après? Car il ne faut pas oublier que, pour obtenir de semblables érections, il ne suffisait pas de prouver l'importance de la terre qu'il s'agissait d'élever en dignité; il fallait, de plus, que l'impétrant eût justifié de sa noblesse, de ses services comme de ceux de ses aïeux. De telles recherches n'auraient pas manqué de révéler les usurpations commises par nos Lusignan, et la délivrance des lettres de 1618, comme celles de 1722, nous est une preuve qu'aux yeux des gens du Roi, ainsi qu'à ceux des personnes spéciales que l'on chargeait, à ces époques, de ces vérifications obligées, l'écusson des Lusignan d'Agenais fut reconnu vierge de toute fraude.

Ces lettres suppléent à la perte des titres qui furent nécessairement produits lors de l'obtention des lettres de 1618.

Cette perte s'explique par les ravages que subirent le château et les biens de François, premier marquis de Lusignan, par suite de sa rébellion de 1625 et par la destruction de ce même château, que fit opérer le duc d'Epernon en 1649. M. le conseiller Dubernet de Boscq a pris le soin de nous fournir les détails les plus intéressants sur ces derniers événements.[1]

Il reste à examiner si, depuis l'érection de la terre de Lusignan en marquisat, l'usurpation dont nous nous occupons en ce moment, aurait été possible. Nous sommes bien loin de le penser. Autrement, que l'on prenne la peine de nous expliquer comment il se fait que le sceau de justice de ce marquisat portât les armes des Lusignan du Poitou. Ce sceau ne serait donc pas celui qui fut employé dès l'érection de 1722! Il fut donc substitué à un autre sceau qui ne portait pas l'empreinte des mêmes armes, et cela, sous les yeux des Procureurs Généraux près les corps judiciaires où parvenaient les sentences qui s'en trouvaient scellées à la suite des appels qu'on en interjetait! Non! la chose n'aurait pas été soufferte par les gens du Roi!

M. le Conseiller Dubernet de Boscq nous a fait connaître, d'un autre côté, qu'Armand-Jean-Jacques, marquis de Lusignan, en 1768, « apporta au cabinet de l'ordre du Saint-Esprit » ses preuves de généalogie, de seigneuries,

---

[1] Voir aussi, pour les temps ultérieurs et pour leurs effets sur les documens qui auraient pu se trouver à Paris, à Bordeaux, *l'Introduction au Catalogue des Monuments Historiques*, par M. le marquis de Laborde, directeur général des archives, 1866.

» d'alliances, de possessions privées. » Evidemment, l'écusson de cette maison dut figurer dans cette production; et, s'il ne s'était pas trouvé à l'abri de tout reproche, des yeux aussi clairvoyants n'auraient point manqué de s'en apercevoir.

VII.

Cette usurpation, en outre, se serait tôt ou tard heurtée à des intérêts qu'elle aurait soulevés. Les marquis de Lusignan étaient en vue, disons mieux, hauts placés : celui dont nous venons de parler était brigadier des armées du Roi, lorsqu'en 1789 il fut élu député pour la noblesse du condomois aux états généraux. Il dut avoir des concurrents; c'était une époque passionnée, troublée par les partis et les rivalités. Et, alors que l'on ne s'abstenait guère de calomnier ses adversaires, c'eût été une bonne fortune d'opposer aux Lusignan cette tache dans leurs armoiries, à défaut des véritables Lusignan, pour en faire l'objet de poursuites judiciaires.

Mais ces véritables Lusignan, les Lusignan du Poitou et ceux qui les représentèrent jus-

qu'à nos jours, comment s'explique leur silence, sinon comme une reconnaissance du droit? Et d'abord, il faut considérer que les Lusignan d'Agenais et ceux du Poitou ont, dans l'histoire, durant les XIIIe et XIVe siècles du moins, une existence *simultanée*. « Les Lusi-
» gnan d'Arménie, rappelle M. de Boscq, ne
» furent éteints qu'en 1393; ceux de Jérusa-
» lem, de Chypre et d'Arménie, collectivement
» considérés, ne le furent qu'en l'année 1458;
» la postérité d'Hector (de Lusignan) sorti de
» Galilée, dura jusqu'en 1570. »

Viennent aussi, comme ayant connu nécessairement et approuvé par leur silence le nom et les armes de nos Lusignan, les Lusignan-Larochefoucauld, les Lusignan-Partenay, Saint-Gelais, Couhé, comtes d'Eu, Montbrun, Lesay... « Les plus anciens datant de 1014; les plus
» récents de 1307... tous restés en France... »

Dans des notes que M. le Conseiller Dubernet a bien voulu nous communiquer, et qu'il a l'intention de publier, comme une addition à sa notice historique, il s'appuie particulièrement sur les Lusignan-Couhé et sur les Lusignan-Saint-Gelais. Un membre de la maison de Lusignan-Couhé, qui habite le département des Deux-Sèvres, s'occupe de sérieuses études au sujet de sa famille. La brochure sur *Lusignan-*

Grand a excité son intérêt au plus haut point, et il s'est empressé de promettre son concours à l'auteur. Ainsi, d'un côté, les aïeux de ce Lusignan n'élevèrent, à aucune époque, des contestations à l'encontre des prétentions de nos Lusignan à porter le nom et les armes des Lusignan du Poitou; et lui, d'un autre côté, n'a pas hésité à se joindre à M. de Bosq, dans des recherches qui ont pour but de prouver la légitimité de cette possession.

A l'égard des Lusignan-Saint-Gelais, ils sont venus, depuis longues années, en Agenais. Ils y sont venus depuis l'année 1520; et leur postérité, y compris les filles mariées en dernier lieu, subsista jusqu'en 1709. De sorte qu'il serait absurde de soutenir qu'ils n'ont pas connu nos Lusignan, ainsi que les armes que ces derniers portaient. Des particularités saisissantes ont même été recueillies à ce sujet dans les nouvelles notes de M. Dubernet de Bosq. Et enfin l'on vient de découvrir, à la Bibliothèque impériale, une généalogie manuscrite des Lusignan-d'Agenais, constatant le mariage de Henri, gouverneur de Puymirol, avec une Madelaine de Saint-Gelais... Au lieu de protester contre eux, on s'alliait à eux !

Qu'on ne dise donc plus que si la possession, par nos Lusignan, du nom et des armes des

Lusignan du Poitou ne fut jamais troublée par une opposition quelconque, c'est qu'il n'existait plus de vrais Lusignan pour la leur contester !

VIII.

Il nous reste à discuter une autre objection, que n'a pas négligée non plus M. le conseiller Dubernet de Boscq.

Les Lusignan d'Agenais se seraient éteints au XIVe siècle, ou auraient disparu de nos contrées; de sorte que les Montpezat, étant devenus les possesseurs du fief de Lusignan, auraient fini par en prendre le nom, et ne seraient autres que les Lusignan qui suivirent la fortune de Henri IV, et sur la tête desquels le même fief fut érigé en marquisat.

Qu'Amanieu de Montpezat, sénéchal d'Agenais, ait possédé la seigneurie de Lusignan, ce fait se trouve suffisamment justifié; mais il n'en résulte pas que les Lusignan, possesseurs antérieurs de ce fief, fussent éteints. Le contraire même résulte du document que l'on nous oppose; car antérieurement au serment prêté par Amanieu de Montpezat, comme seigneur de Lusignan, au roi d'Angleterre, devenu comte d'Agenais, on y voit un *Arnaut de Lusignan* rendre foi et hommage au même prince.

Il est à présumer que cette possession du fief ci-dessus sur la tête d'un Montpezat provenait de quelque confiscation, à raison du parti opposé qu'avait suivi un Lusignan, dans l'une de ces guerres que se fesaient les rois de France et d'Angleterre. C'est ainsi que pour se venger des hostilités de Charles d'Albret, le roi d'Angleterre lui prit, en 1418, le comté de Dreux, que le roi de France ne put reconquérir qu'en 1438, et qui ne fut restitué à la maison d'Albret qu'en 1441. (V. *Biographie de l'arrondissement de Nérac*, p. 33.) Il est constant que les Lusignan reprirent le château de Lusignan, ou y furent réintégrés; que Raymond de Montpezat s'empara de nouveau de cette place, en 1434; que les Lusignan ne tardèrent pas à y rentrer... Qui ne voit là une querelle, durant l'occupation anglaise, entre les usurpateurs et les seigneurs légitimes?...

Aussi, dans aucun des documents cités à l'appui de l'objection touchant les Montpezat devenus, dit-on, des Lusignan, on ne voit pas *Amanieu* quitter son nom patronymique, trop noble, du reste, pour qu'il voulût s'en démettre. *Monpezat, seigneur de Lusignan!* voilà la constante désignation que lui donnent ces écrits. Et, d'ailleurs, comment peut-on prétendre que les Lusignan étaient des Montpezat, à une époque où les Lusignan et les Montpezat se disputaient le fief de Lusignan? Comment les confondre, eux qui se combattaient?

D'un autre côté, l'on trouve bien, dans l'écusson des Lusignan *postérieurs*, des pièces appartenant aux Montpezat, mais ce n'est pas à la place d'honneur, d'où n'ont pas été détrônées les armes des Lusignan du Poitou. Ici les balances des Montpezat n'indiquent évidemment que des alliances, comme l'a fait observer en ces termes, M. Famin, qui connaît mieux que nous la langue héraldique :

« Ecu écartelé, au premier; contre-écartelé, » au premier; fascé d'argent et d'azur, au lion » de gueules, couronné, armé et lampassé d'or, » *qui est de Lusignan;* les trois autres quartiers » donnant, suivant les règles héraldiques, di- » verses alliances.

» Les trois grands quartiers de l'écu principal » contiennent les alliances des *Lau*, entre autres » celles des *Montpezat*, qui portaient de gueu- » les, à deux balances d'or... etc.

(Description du sceau du Marquisat de Lusignan.)

De tout cela il faut conclure que cette possession du fief des Lusignan par un Montpezat ne fut qu'un incident au XIVe siècle, et que cette seigneurie étant rentrée dans les mains des Lusignan, c'est sur la tête de ces derniers, et non des Montpezat, que cette terre fut, à deux reprises, érigée en marquisat.

Pour ce qui est d'autres écrits desquels il ressort qu'une comtesse de Rovignan aurait eu une part et portion, vers l'an 1309, des dîmes de Galapian et de Lusignan, il faut se rappeler d'abord que les dîmes, objet de grande discussion à cette époque, entre le clergé et les seigneurs laïques, ne constituaient point par elles-mêmes la seigneurie, laquelle résidait surtout dans le droit de justice. Les dîmes n'en étaient qu'un des revenus susceptibles d'être donnés ou à ferme, ou en usufruit, ou en nantissement... A quel titre la comtesse de Rovignan pouvait-elle disposer des dîmes de Galapian ou de Lusignan ? c'est ce que ces documents ne font point connaître. Mais surtout il n'y est pas question de la seigneurie. Il ne s'agit donc pas ici d'une co-propriété de fief, ce qui néanmoins existait en bien des lieux, vers cette même époque ; — Vital de Loupiac, par exemple, tenait, en 1286, la moitié de la tierce partie du château de Monheurt, — (*Archives de la Gironde*) : preuve sans réplique d'une division de ce fief en six portions et entre six co-seigneurs, par conséquent. Mais il ne s'agit de rien de semblable, quant aux droits de la comtesse de Rovignan, qui ne possédait peut-être qu'à titre de douaire une portion des dîmes, et non de la seigneurie de Lusignan. Nous ne considérons pas cette dernière objection comme digne d'une réfutation plus prolongée.

Ainsi, grâce aux précieuses recherches de M. le conseiller Dubernet de Boscq, l'opinion que nous avions émise, non sans quelque réserve, dans la *Biographie de l'arrondissement de Nérac*, se trouve convertie en une conviction motivée ; et il nous paraît démontré que les Lusignan d'Agenais, par malheur éteints aujourd'hui dans la personne d'Armand-François-Maximilien, que nous avons tous si profondément regretté, provenaient des Lusignan du Poitou.

Nous en serions aux termes ci-dessus seulement, que nous maintiendrions les résolutions qui viennent d'être formulées. Mais, de plus, M. de Boscq a été assez heureux dans ses recherches pour se trouver en mesure d'opposer un argument (*ad hominem* en quelque sorte) à celui qui, au nom des Lusignan du Poitou, viendrait à lui dire : « Trouvez-nous le Lusignan qui a pu devenir la souche des vôtres.

Tout porterait à croire que ce fut Guillaume II, fils de Hugues VIII, dont Moréri et Anselme nous révèlent l'existence, vers la fin du XIIe, et au commencement du XIIIe siècle, *sans nous faire connaître quelle fut sa destinée.* Or, dès les premières pages de sa brochure, l'auteur de *Lusignan-Grand* nous a démontré que c'est à cette époque aussi que remonte la construction de ce château ainsi que de l'église, qui lui servit primitivement de chapelle.

J.-F. SAMAZEUILH.

Imp. X. Duteïs.

www.ingramcontent.com/pod-product-compliance
Ingram Content Group UK Ltd.
Pitfield, Milton Keynes, MK11 3LW, UK
UKHW032032260826
14628UKWH00006B/2914

9 782012 936201